EMILE CHAMBE

Christian Goël

« La gloire est comme un cercle
au milieu des ondes : il cherche
a s'agrandir, et ne cesse de s'é-
tendre que pour disparaitre dans
le néant ».
(SHAKESPEARE)

LYON
DIZAIN et RICHARD, ÉDITEURS
20, RUE SAINT-PIERRE, 20

1891

Christian Goël

TIRÉ A 250 EXEMPLAIRES

Nos 1 à 25. — Exemplaires sur papier impérial du Japon, avec double épreuve de la gravure.

Nos 26 à 50. — Exemplaires sur papier Whatman, avec double épreuve de la gravure.

Nos 51 à 250. — Exemplaires sur papier de Hollande.

LYON. — IMPRIMERIE PITRAT AÎNÉ, RUE GENTIL, 4

CHRISTIAN NOEL
Scène dernière

ÉMILE CHAMBE

Christian Goël

> « La gloire est comme un cercle au milieu des ondes : il cherche à s'agrandir, et ne cesse de s'étendre que pour disparaître dans le néant ».
>
> (SHAKESPEARE).

Orné d'une eau-forte par LALAUZE

LYON

DIZAIN ET RICHARD, ÉDITEURS

20, RUE SAINT-PIERRE, 20

1891

PERSONNAGES

CHRISTIAN GOËL.

NASS.

OLLY.

La scène se passe à Stockholm, en 1820,
sous le règne de Charles XIV Jean

Christian Goël

Une chambre mal meublée, dénotant la misère de ceux qui l'habitent. Au fond, à droite, dans un pan coupé, porte donnant accès sur l'escalier; à gauche, également dans un pan coupé, large fenêtre un peu basse, par laquelle on aperçoit le ciel et le faîte de quelques toits. Au second plan, à droite, cheminée; à gauche, porte de la chambre d'Olly. Au premier plan, à droite, une vieille épinette à cordes usées, à touches cassées; à gauche, table en bois blanc couverte d'œuvres musicales et de papier à musique. Au fond entre la fenêtre et la porte, le lit de Goël imparfaitement dissimulé par un paravent en mauvais état. Vases de fleurs un peu partout.

Au lever du rideau, la nuit est presque complète : Olly est assise devant la fenêtre et travaille à un ouvrage de femme.

SCÈNE PREMIÈRE

OLLY, seule.

Décidément il ne m'est plus possible de travailler sans lumière ! (Elle se lève et va prendre une petite lampe sur la cheminée.) Pourvu qu'il y ait encore de

l'huile dans la lampe!... Oui! Ah! Dieu soit béni!
Il est de toute nécessité que j'achève cette bro-
derie ce soir si je veux que demain matin nous
puissions déjeuner... Quelle misère est la nôtre!
(Elle allume la lampe et la pose sur la table, en s'arrangeant pour
travailler.) Je n'ai plus rien ici : pas de vin! Presque
plus de pain!... Et Christian qui ne rentre pas!
(Sept heures sonnent au Riddarholm.) Sept heures! Jamais
il n'est resté dehors aussi longtemps! Que peut-il
faire dans les rues de Stockholm depuis le lever
du soleil?... (Elle va lentement à la fenêtre, l'ouvre et s'appuie
contre les châssis en considérant tantôt la ville et tantôt le ciel)
Quelle belle soirée et qu'il ferait bon se promener
pendant une heure ou deux sur les rives du
Mälar! Comme le temps est pur!... Comme la
nuit s'annonce calme!... Quelle joie j'éprouverais
à respirer librement au lieu de rester enfermée dans
cette mansarde!... Oui; mais il faut se remettre
à l'ouvrage, sinon le pain nous manquera demain!
(Elle ferme la fenêtre.) Où peut-il être? Vraiment je
commence à être inquiète. (La porte donnant sur l'escalier
s'entr'ouvre : Olly se retourne avec un cri de joie.) Ah! le voilà!

SCÈNE II

OLLY, NASS, ayant à la main une boîte à violon.

OLLY, désappointée.

Vous, Monsieur Näss!

NASS, sur le seuil de la porte.

Oui, mademoiselle! Le concert ne commence ce soir qu'à huit heures et comme il y a fort longtemps que je ne vous avais vue.... Goël n'est pas ici?

OLLY

Non, pas encore! Je suis d'une inquiétude extrême. J'ai peur qu'il ne lui soit arrivé quelque accident! Ordinairement il rentre toujours avant cinq heures: il en est sept passées et il est sorti de grand matin!

NASS

Bah! il ne faut pas vous mettre martel en tête, mademoiselle Olly! (Il dépose sa boîte à violon

_{sur la table.)} Encore une de ses folies sans doute! Soyez certaine qu'il cherche une nouvelle plante. Depuis plusieurs mois c'est sa marotte de se procurer continuellement des fleurs !.... Ah! je vous admire de vivre ainsi, sans vous plaindre, auprès d'un pareil maniaque!

OLLY

Vous avez tort de parler ainsi, Monsieur Näss, et vous ne devriez pas oublier que Christian a été votre maître, que c'est par ses leçons et ses conseils que vous êtes devenu un des meilleurs exécutants de Stockholm.

NASS

Je ne dis pas, mais...

OLLY

Christian est malade. Il souffre beaucoup. Sa surdité plus que toute autre chose lui est insupportable!... Les douleurs qu'il endure à chaque instant déterminent ses étrangetés : mais il n'est ni maniaque, ni fou !

NASS

Ni maniaque, ni fou !... Mais que signifie alors tout ce qu'il écrit depuis ces dernières années?... Que sont devenues ces conceptions originales, ces merveilleuses mélodies dans lesquelles il excellait autrefois et qui lui valurent la protection de notre regretté roi Charles XIII? Où sont les phrases géniales, les poétiques symphonies que nous admirions tous? Ce feu, ce génie dont ses anciennes sonates abondaient, qu'en a-t-il fait?... Ce qu'il compose à présent est incompréhensible ! Que signifie, je vous le demande, cette marche triomphale qu'il vient de terminer? C'est inouï !... Plus d'idées, plus d'inspiration !... Il est complètement impossible du reste de l'exécuter et je le défie de trouver un instrument capable de rendre les *pizzicati* fantastiques dont il l'a émaillée !... Et vous dites qu'il n'est pas fou?

OLLY

Vous me peinez beaucoup, Monsieur Näss, en parlant ainsi.

NASS

Mais avouez que le premier élève venu en ferait tout autant que lui maintenant, si ce n'est mieux. (Souriant ironiquement.) Vous rappelez-vous le dernier concert qu'il a dirigé?... Vous y étiez.. C'était risible de le voir s'échauffer en battant la mesure, agiter les bras à tort et à travers en croyant diriger l'orchestre ébahi et stupéfait de ses gestes désordonnés!... Se donner en spectacle ainsi qu'il le fait, c'est se rendre ridicule à plaisir! Ecrire ce qu'il écrit c'est... Ah! tenez, s'il n'est pas fou, c'est qu'il tombe en enfance!

OLLY

Je vous défends de parler de cette façon de celui qui m'a élevée, Monsieur Näss, et vous devriez bien imiter la bonté de cœur et la pitié de ce jeune musicien, qui, à ce concert dont vous parlez, vint se placer derrière Christian et prit la véritable direction de l'orchestre sans qu'il s'en doutât, de tous ses compagnons qui pour rendre hommage à leur maître et lui causer quelque plaisir l'acclamèrent après avoir feint de lui obéir.

Vous ne devriez pas oublier non plus que Christian est le plus grand compositeur de la Suède et que, si nous avons des œuvres nationales, c'est à lui que nous les devons tout aussi bien qu'à Bervald et qu'à Crusell.

NASS

C'est vrai!... Pardonnez-moi mon emportement, excusez l'amertume de mes paroles. Nul plus que moi ne révère Goël! Mais si vous saviez combien il m'est difficile de me contenir quand je vous vois, vous si belle et si bonne, pareille à la *Psyché* de Sergell qui est dans notre musée, user votre vie, consumer votre jeunesse en travaux de toute sorte pour faire vivre ce Goël qui ne se doute même pas, l'égoïste, de votre dévouement! Ah! cela me révolte!

OLLY

Je ne fais que mon devoir : j'acquitte une dette de reconnaissance, et sans regrets, croyez-le! Que serais-je sans lui? La plus misérable des créatures.... une mendiante sans doute... peut-être moins... ou plutôt je serais morte de faim et de

froid... le soir où Christian m'a recueillie grelot-
tante sur le sein déjà glacé de ma mère... Et je
l'abandonnerais? Oh! non, jamais!

NASS

Je vous comprends, Olly : je vous admire et
je vous plains.

OLLY

Et puis il a été si malheureux! Ces derniers
temps surtout! Ah! je vous assure qu'il en est
peu pour qui la vie soit un tel fardeau!

NASS

Mais tout cela n'est pas une raison pour peiner
ainsi que vous le faites, sans jamais prendre le
moindre repos, sans sortir de cette étroite pièce...
Ah! si vous vouliez être ma femme!

OLLY, tristement.

Vous savez bien que c'est impossible, Monsieur
Näss. Je vous l'ai déjà dit souvent; revenir sur
ce sujet m'est pénible!

NASS

Impossible !. . Mais pourquoi impossible ?

OLLY

Pourquoi ? Parce que je ne peux laisser Christian seul, sans soutien ! Ne vous l'ai-je pas déjà fait comprendre et faut-il donc encore vous le répéter ?

NASS

Mais il n'est pas seul ! Beaucoup de familles nobles le protègent : on le reçoit, on le...

OLLY

Plus maintenant, hélas !

NASS

Comment ! Le baron de Carlscrone qui avait tant d'admiration pour lui, la vieille comtesse de Durnstein...

OLLY

On nous a oubliés depuis que Christian ne peut plus aller dans les salons faire entendre ses brillantes compositions, depuis en un mot que sa surdité est devenue complète !

NASS

Mais vous ne m'aviez jamais dit tout cela !

OLLY

A quoi bon ?

NASS

Pauvre Christian !... Eh ! bien ! raison de plus : il habitera avec nous ! Nous l'entourerons ! Nous le soignerons !

OLLY

Je suis si pauvre aussi : nous n'avons rien ici. . pas même le nécessaire !

NASS

Je travaillerai pour trois. Je chercherai d'autres leçons ; j'organiserai moi-même de temps à autre des concerts : j'ai quelques bons amis qui me prêteront certainement leur concours .. Je...

OLLY

Écoutez moi. Näss. Je veux être franche avec

vous et désire ne rien vous cacher. Je suis persuadée que vous parlez sincèrement quand vous
dites que vous m'aimez. Je vous l'avouerai même,
j'en suis heureuse, fière ..

NASS

Ah !

OLLY

Je vous crois d'entière bonne foi, quand vous
m'assurez que vous travailleriez pour nous et que
Christian ne nous quitterait pas... Mais vous
avez le caractère trop vif, vous êtes prompt à
vous emporter... Quand il vous raconterait ses
espérances et ses joies, quand il vous ferait part
de ses rêves, bien souvent bizarres, peut-être vous
moqueriez-vous de lui !... Ah ! je ne dis pas que
cela serait par méchanceté. Vous agiriez inconsi-
dérément, j'en suis persuadée ! Je vous connais
trop pour penser autrement !... Mais vous le
feriez souffrir !... Non, Nass, non, je ne peux pas
être votre femme !

NASS, _suppliant._

Olly.

OLLY, après une hésitation.

C'est impossible!

NASS, s'emportant.

Et comment voulez-vous que je l'aime, ce Goël?

OLLY

Vous voyez bien!

NASS

Toujours lui entre vous et moi, toujours lui que je rencontre comme obstacle à mon bonheur! Ah! je voudrais qu'il fût...

OLLY

Näss!

NASS

Mais ce n'est pas une vie que la vôtre! .. Quelle jeunesse vous fait-il?... Toute la journée vous vous courbez sur les ouvrages les plus délicats, quand vous ne veillez pas encore pendant la nuit!... Être continuellement avec un sourd, un grincheux, qui sans cesse fredonne des romances

de sa voix enrouée et qui du soir au matin frappe
de ses longs doitgs osseux sur les touches silen-
cieuses de son épinette où pas une corde entière
n'existe !

OLLY, avec reproche.

Näss, Näss !

NASS

Ah ! laissez-moi, Olly, c'en est trop à la fin…
Je veux lui dire son fait à ce fou… Je veux lui
crier son égoïsme à ce sourd, dussé-je m'égo-
siller !… J'ai des poumons : il faudra bien qu'il
m'entende ! Je lui dirai qu'il est honteux de voir
une jeune fille, toute frêle et toute mignonne,
presqu'une enfant, s'ingénier de mille façons pour
le faire vivre et s'abîmer les yeux à la lueur trem-
blotante de cette mauvaise petite lampe, pour
lui procurer du pain, quand il passe, lui, toute sa
journée à barbouiller du papier de compositions
étranges, fantasques, impossibles, ou à courir
les rues de la ville en quête des fleurs aux couleurs les plus chatoyantes, des plantes les plus
odoriférantes et les plus malsaines sous le falla-
cieux prétexte que les parfums qui s'en émanent
stimulent l'inspiration musicale !

OLLY

Näss, je vous en supplie.

NASS

Oh! je le ferai comme je le dis!... Est-il possible d'être plus égoïste qu'il ne l'est?

OLLY

Vous me donnez raison vous-même, Näss : il ne se peut pas que je devienne votre femme. Vous ne resteriez pas deux jours sans avoir avec lui de graves discussions.

NASS

Me torturer ainsi !

OLLY, hésitante.

Ne connaissez-vous donc pas de jeune fille, plus belle que moi, qui serait heureuse de devenir votre compagne?

NASS

C'est vous qui me dites cela, vous, Olly!... Ah! je sais maintenant pourquoi vous refusez de

joindre votre vie à la mienne! C'est que vous ne
m'aimez pas, c'est que vous ne m'avez jamais
aimé!

OLLY

Näss.

NASS

Et moi qui croyais!... Pauvre fou!... Me con-
seiller d'épouser une autre qu'elle!... Mais vous
ne savez donc pas, qu'il en est qui, en se donnant, se donnent pour l'éternité! Vous ne com-
prenez donc pas que je vous ai voué ma vie
à jamais, et qu'il n'est pas une heure, pas une
minute, où ma pensée ne vous appartienne tout
entière. Les seules douleurs que je sois capable
de ressentir, les seules joies que je puisse goûter
me viennent de vous, rien que de vous! Le reste
du monde m'est indifférent! Ah! je le vois, vous
ne m'avez pas deviné!

OLLY

De grâce...

NASS

N'avoir ici-bas qu'un but, n'être soutenu dans
les luttes quotidiennes contre le destin que par

une espérance, ne plus sentir en soi-même son âme, avoir tout donné à une femme, être prêt à tout lui sacrifier, n'aimer plus rien en dehors d'elle, vouloir mourir si elle mourait, et lui entendre dire : « Aimez une autre que moi !... » Oh ! c'est horrible ! c'est horrible !

OLLY

Calmez-vous, Nass... De grâce, soyez raisonnable !

NASS

Je vous aime comme vous ne l'avez jamais été, comme vous ne le serez jamais, et . C'est de la cruauté !

OLLY, écoutant un bruit venant de l'escalier.

Vous savez bien que je vous aime aussi, Nass, et depuis longtemps !... Vous le savez bien !

NASS, joyeux.

Oh ! merci, Olly, de cette bonne parole...

OLLY

Taisez-vous !... J'entends Christian qui monte...

Promettez-moi que vous ne ferez aucun geste pouvant lui causer de la peine.

NASS

Mais...

OLLY

Faites-le pour moi.

NASS, reprenant sa boîte à violon.

Je préfère m'en aller... Je ne peux vraiment pas répondre de moi !

OLLY

Je vous en prie, Näss.

NASS, hésitant.

Non... Non. .

OLLY

Vous lui ferez tant de plaisir !... Il est si seul, si abandonné !... Lorsque quelqu'un vient le voir, son visage s'épanouit !... Il est heureux !... Restez, Näss, restez... puisque vous m'aimez.

NASS

Allons ! puisqu'il le faut.

OLLY

Jusqu'à l'heure de votre concert.

(Nass repose sur la table sa boîte à violon).

SCÈNE III

OLLY, NASS, CHRISTIAN GOËL

GOËL, entrant précipitamment avec un pot de fleurs sous le bras.

Ah! ma chère Olly!... Näss!... Que je suis content de te voir!... On songe donc encore à moi. (A Olly). Je t'ai fait attendre, n'est-il pas vrai?... Que veux-tu! J'ai entendu de la musique! Olly, comprends-tu?... J'ai entendu!

OLLY

Que dit-il?

NASS

Encore une hallucination!

GOËL

Oui, mon bon Näss, j'ai entendu... J'ai même

découvert un nouvel instrument. (Confidentiellement).
Mais chut!... C'est un secret! (A tous deux). Je suis
monté ce matin dans le clocher de Storkyrkan et
toute la journée j'ai écouté chanter les cloches. .
et j'ai compris que c'était là l'instrument par
excellence. J'ai senti que c'était le plus doux et le
plus harmonieux de tous, celui qui rend le mieux
la pensée de l'homme quand elle rompt ses chaînes
d'ici-bas pour s'élever jusque dans les sphères
célestes et monter suppliante vers le Créateur de
tout ce qui existe .. Les cordes de la harpe d'or
que fait résonner sous ses doigts le dieu Bragi
n'ont certainement pas de vibrations aussi suaves
et aussi pures!... On peut l'employer avec succès
dans la musique religieuse, dans un oratorio par
exemple...

NASS, haussant malgré lui les épaules.

Pauvre fou!

GOËL

Tu hausses les-épaules, Näss... Tu verras,
quand j'aurai terminé et écrit la symphonie magnifique que j'ai conçue tout à l'heure à Storkyrkan, combien sont sonores et grandioses les voix

des cloches d'airain .. tu verras!... A propos,
Olly, j'ai grand faim.

OLLY, tristement et à part

Et nous n'avons que du pain

GOËL

Tiens, prends ce pot de fleurs et soigne-le le
mieux que tu pourras, car cette espèce est très
rare... Décidément j'ai grand faim ! .. C'est qu'il
fait nuit et que je suis sorti avant le lever du
soleil... Je boirais volontiers aussi un verre de ce
vieux vin de France qui me fut donné, il y a fort
longtemps déjà, par le baron de Sprengporten ..
Tu apporteras un verre pour Näss... Je veux qu'il
goûte de ce vin !

OLLY, lui faisant un signe affirmatif.

Hélas! il n'y a que de l'eau !

GOËL

Va, Olly, va.

(Olly sort à gauche).

SCÈNE IV

CHRISTIAN GOËL, NASS

NASS, suivant Olly du regard.

Pauvre Olly ! pauvre fille !

GOËL

Oui, Näss, mon bon Näss, je veux faire naître une révolution parmi les musiciens. Tout ce que j'ai écrit jusqu'à ce jour ne vaut absolument rien !... Si tu savais combien l'art musical est encore dans l'enfance !... On s'imagine en ce siècle, oh ! dérision, que la mesure constitue la musique, la seule, l'unique mesure avec ses cercles étroits !... Quelle ignorance ! Tu vas me comprendre, toi qui as été mon élève ; tu sauras quelle est l'idée sublime sous l'empire de laquelle je vais écrire la symphonie dont je t'ai parlé, celle qui doit immortaliser mon nom, celle qui vraiment me rendra grand, me consacrera illustre !... Tout cela, vois-tu (Il froisse les papiers qui sont sur la table), ne

vaut pas la moindre des phrases harmonieuses
qui sont ici!... (Il se frappe le front). Écoute plutôt...
Écoute... (Il s'assied devant l'épinette et frappe avec furie les
touches qui ne rendent qu'un son sec et creux). C'est le Jugement dernier que je veux peindre... L'idée de cette
composition m'est venue aujourd'hui, alors que
je contemplais, dans le chœur de la Grande Église,
le chef-d'œuvre dû au pinceau de notre David
Clocker d'Ehrenstrahl... Entends-tu cela ?...
Comme c'est lugubre, et triste, et majestueux!...
C'est la vie qui quitte la terre, la mort qui vient,
qui s'empare de tout, qui règne en souveraine
maîtresse... N'est-ce pas que c'est beau?

NASS

Quel étrange regard!... Jamais je ne l'ai vu
ainsi!

GOËL, s'exaltant.

Puis voilà le tocsin qui sonne. . Ce sont les
anges du paradis qui accourent!... (Se levant
brusquement). J'introduirai cent cloches d'airain
dans l'orchestre, cent cloches timbrées chroma-
tiquement, Näss, qui toutes à la fois élèveront
leurs tintements sonores jusques aux cieux...

Mais ce que je veux employer surtout, c'est trois
mille violoncelles ou violons qui grinceront les
cris des damnés sur le plus aigü de leur chante-
relle... Je me servirai de l'accord plagal, peut-
être aussi de celui de septième diminuée !... (Fine-
ment.) J'ai découvert dans l'accord plagal des
propriétés ignorées jusqu'à ce jour et dont je
saurai profiter. Je renverserai les lois de l'harmonie, ces exigences absurdes qui étreignent le
génie... Ah! Näss, ce sera magnifique ! .. Tout
à coup les canons tonneront leurs chants de joie !
Une marche à trois temps, rappelant ainsi la triple
déité, la trinité divine, éclatera sublime, impo-
sante, accompagnée par des détonations à inter-
valles réguliers... Il faut que l'on pressente la
Toute-Puissance !. . Et cette marche je l'établirai
tout d'abord sur une mélodie réservée à sept gongs
chinois de différentes tonalités... Du ton mineur
les cloches passeront dans le ton majeur, caril-
lonnant la grandeur de Dieu, annonçant à tous
l'arrivée de celui-là seul qui doit juger le monde !...
Comprends-tu, Näss, toute la majesté, tout le
grandiose de cette conception?... Ah! je le sens,
c'est d'aujourd'hui seulement que je deviens musicien !... Et dire qu'on m'a admiré! Que les

hommes sont insensés! Ils me croyaient un
maître! Ils admiraient mes fugues, mes contre-
points!... Mais cela n'est rien!... Mais cela n'a
aucune valeur! (Il saisit une liasse de papiers, l'allume à la
lampe et la jette dans la cheminée). Au feu tout cela... Je
n'étais qu'un écolier, qu'un embryon de musicien... Aujourd'hui, je le sens, je touche à la
gloire!... (Il veut tout brûler).

NASS, l'arrêtant.

Ah! malheureux! Que fait-il! (Il étouffe avec le pied
les compositions qui commencent à brûler).

GOËL, se débattant.

Laisse-moi, Näss, laisse-moi.. (Changeant soudain
d'idée). Te souviens-tu quand, ici, dans cette ville,
j'ai dirigé l'exécution de mes *Ballades Scandinaves?*

NASS, avec pitié.

Si je m'en souviens?... Sa plus faible composition!

GOËL

Rappelle-toi ces grondements sourds, ces mu-
gissements qui rendaient si puissamment les

orages et les tempêtes, rappelle-toi ces danses légères des Gnômes et des Sylphes, souviens-toi de la navrante mélopée des Nornes... Oh! c'est certainement de toutes mes productions la plus belle, quoique les critiques d'art aient osé prétendre le contraire!... Les critiques d'art!... Tu t'en souviens, n'est-ce pas?... Eh bien! Mon *Jugement dernier*, je puis te le certifier, sera de beaucoup supérieur aux *Ballades Scandinaves*... C'est l'univers, l'ensemble des mondes créés connus et inconnus comparés à la millième partie d'un grain de sable! Tu vois bien qu'il faut que j'anéantisse ces compositions d'enfant!...
(Il recommence à vouloir tout brûler).

NASS, l'empêchant de le faire.

Mais qu'a-t-il donc?... Voyons, Goël, voyons... Quelle surexcitation! .. (Appelant. Olly, Olly.

SCÈNE V

CHRISTIAN GOËL, NASS, OLLY,

entrant avec du pain et de l'eau sur un plateau.

OLLY

Que fait-il ? (Elle pose vivement ce qu'elle tient sur l'épinette et s'approche de Chr stian).

NASS

Il brûle ses œuvres !

OLLY, arrachant les papiers à Christian.

Le malheureux ! (Elle prend Goël par le bras l'amène doucement près de l'épinette et lui montre son frugal repas.

GOËL

Ah ! c'est vrai... j'ai grand faim !... Mais auparavant je veux vous faire entendre un accord que je serai le premier à employer... Les autres, petits esprits, ne l'ont pas même entrevu !... (Il se précipite sur l'épinette et couvre vigoureusement tout le clavier de ses mains et de ses avant-bras). Entends-tu, Näss ?. . En-

tends-tu, Olly ?... Qu'en dites-vous ? Je réunis tous
les sons de la gamme chromatique dans un seul
accord et j'affirme que la consonnance ainsi ob-
tenue est la plus parfaite de toutes, de même que
la réunion des couleurs produit le blanc le plus
immaculé !

OLLY

Christian ! Christian !

NASS

Et vous dites qu'il n'est pas fou ?

GOËL, avec désespoir.

Mais je ne l'entends pas, Olly. Conçois-tu cela,
Näss ? Je ne l'entends pas cet accord... Oh ! Dieu !
Ne pas entendre sa musique, avoir des idées, les
exprimer avec le plus pur de son âme et ne pas
pouvoir en connaître le résultat !... Ah ! dites-
moi que c'est beau, vous auxquels cela est possible de percevoir des sons .. Et vous me le diriez
que je ne l'entendrais pas non plus !... Être sourd,
mon Dieu !... Sentir vibrer un monde dans sa
poitrine et ne pas pouvoir... Oh ! mon Dieu...
Mon Dieu !... (Il tombe assis sur une chaise et pleure).

3

NASS, ému.

C'est navrant !

GOËL, relevant la tête.

Mais je vous ennuie, n'est-il pas vrai ? Comme
j'ennuie toutes les personnes qui m'écoutent ?...
Pardonnez-moi... C'est si triste de souffrir...
Allons, chassons ces pensées... Donne-nous du
vin, Olly.

OLLY, les larmes aux yeux, à Nass. 

Du vin !... (Elle remplit d'eau un verre qu'elle présente à
Goël.

GOËL

Merci, ma bonne Olly, merci !... (Il boit lentement).
Bon vin !... Mais il me semble que ce n'est pas
celui que m'a donné le baron de Sprengporten...
Je le trouve moins généreux... Pourtant il est bon !

NASS, très ému, à part.

Ah ! quelle pitié !... (Il se détourne pour ouvrir sa bourse).

GOËL, dégustant son verre d'eau.

Non, ce n'est pas celui que je t'ai demandé,

Olly... N'y en a-t-il donc plus? (Il n'écoute pas la réponse et regarde la couleur du soi-disant vin).

OLLY, à Näss qui sort.

Où allez-vous, Näss?... Vous partez?

NASS

Non, Olly... Je vais revenir.

SCÈNE VI

CHRISTIAN GOËL, OLLY

GOËL, fredonnant.

Odin, couvert d'une cotte de mailles,
Rugit alors comme rugit un ours!
Son glaive fait de profondes entailles...

Ce vin m'a fait grand bien... Aussi vais-je te dire quelque chose, ma chère Olly, j'ai une confidence à te faire!... Je sens que mes jours sont comptés là-haut et que ma mort est proche!

OLLY, vivement.

Ne dites pas cela !... Hélas j'oublie qu'il ne peut pas m'entendre !

GOËL

Que m'importe après tout !. . Quels regrets pourrais-je avoir en quittant cette vie? Ai-je eu quelques joies de longue durée?... Les jours tristes ont succédé pour moi aux néfastes journées et il ne m'a pas été possible de marquer un seul d'entre eux d'une pierre blanche! Je n'ai connu, je crois, le bonheur, le calme plutôt, que lorsque j'étais enfant... Et encore mes parents me grondaient-ils souvent parce que je délaissais les lettres et les sciences pour la musique!... Et aussi quand je t'ai trouvée, ma bonne Olly, car toi seule tu me comprends! Il n'y a que pour toi que je ne suis pas un embarras!... Tout le monde m'évite.

OLLY, faisant un geste de dénégation.

Mais non, ne croyez pas...

GOËL, s'asseyant.

Ne le nie pas, Olly! Quand je sors, il m'arrive

souvent de rencontrer des gens qui étaient autrefois mes amis et qui maintenant me fuient, quand
ils ne me montrent pas du doigt en riant !...
Alors je rentre et je suis heureux de trouver ton
sourire, tes attentions... Je devine les paroles de
consolation que tu m'adresses et que je n'entends
pas...

OLLY, très émue.

Mon maître ! (Elle s'agenouille auprès de Christian et lui
prend les mains).

GOËL, parlant comme dans un rêve.

J'ai bien souffert !... Je suis un vieillard maintenant ! Mes cheveux sont blancs ! Eh bien ! dès
ma plus tendre enfance j'ai subi les tortures les
plus terribles parce que je ne pouvais pas exprimer les pensées qui me venaient en foule !...
Jamais je n'ai pu traduire ce que je sentais, jamais
je n'ai pu rendre les mélodies qui se déroulaient
dans la mystérieuse solitude de mon cerveau...
J'ai de l'imagination, de l'inspiration... J'écris...
mais ce n'est pas ce que j'ai conçu ! C'est en vain
que je veux noter les innombrables et harmonieux
accords qui vibrent en mon âme ! C'est en vain
que je veux fixer les admirables conceptions de

mon intelligence! Tout s'évanouit !.. Et quand
je considère mon œuvre, je ne reconnais plus ma
pensée : ce n'est plus elle !... Et ceux qui l'exécu-
tent cette œuvre, la comprennent-ils? Non! ils ne
la jouent pas dans le mouvement, ils ne savent pas
la phraser, ils ne lui donnent aucune vie : de sorte
que ceux qui écoutent ne sentent rien et n'en-
tendent que des notes placées à la suite les unes
des autres !... Oh ! lorsque j'entendais, c'était la
plupart du temps pour mon oreille un affreux
tourment !... Et cependant quand je compare mes
facultés d'aujourd'hui à celles de ces jours d'exas-
pération, je me sens le cœur serré !... Les souve-
nirs m'étreignent : j'étais heureux encore dans ce
temps-là ! J'entendais et parfois j'avais la joie de
rencontrer un interprète qui se rapprochait de ma
pensée et qui dans son exécution faisait passer
devant mon imagination le rêve que j'avais en-
fanté !... Alors je ressentais une profonde allé-
gresse au plus intime de mon être. Je me sentais
moins seul : j'étais créateur et ce que j'avais créé
était une harmonie !... Mais ce temps est bien loin,
maintenant. Peu à peu mon oreille a perdu la
puissance qu'elle avait : de délicate elle est devenue
dure, très dure !... Je ne saisissais plus les fautes

des exécutants et je n'entendais qu'un bourdon-
nement obscur pareil à celui que produirait un .
essaim d'abeilles... Puis j'ai fini par ne plus rien
entendre ! (Avec des sanglots dans la voix). Je n'entends
plus mes œuvres !... Ah ! pourquoi Dieu en nous
retirant une des facultés qu'il nous a données ne
nous ravit-il pas aussi le souvenir?.. Je suis sourd,
Olly, sourd... sourd !

OLLY

Quelle pitié de le voir souffrir ainsi!

GOËL

C'est atroce, cette lutte incessante de l'âme et
du corps, de l'esprit et des sens... Concevoir une
œuvre féconde et se perdre dans les tourments
infructueux de l'enfantement !... C'est une mort
terrible... la mort de l'âme !... C'est l'esprit ren-
fermé vivant dans un cercueil d'où il lui est
impossible de sortir... Et cet Hans Spriechg qui
m'attaque et me veut forcer à lui expliquer pourquoi j'ai composé telle mélodie dans le mode
mineur plutôt que dans le mode majeur. Mais
cela, c'est de l'inspiration, et les explications

qu'il réclame je ne peux me les donner à moi-même
quand l'heure de cette inspiration est passée!...
Comme si de pareilles gens pouvaient analy-
ser ce qui se passe dans l'âme d'un homme,
d'un musicien!... Les sots, qui ne comprennent
pas que mon tempérament n'est pas le même
que le leur, et que, s'il leur est possible, ce qu'ils
considèrent comme le suprême parfait, de faire
une mélodie bien réglée, il ne m'est permis à moi
de travailler que comme sculptait mon vieil ami
Tobie Sergell, à grands coups de marteau, avec
furie, en forçant le marbre à rendre malgré lui la
pensée qu'il avait ensevelie dans le bloc immo-
bile!

OLLY

Mais qu'a-t-il donc, mon Dieu?

GOËL, très surexcité.

Oui! c'est ainsi que je compose! Je ne conçois
pas la froideur dans l'inspiration qui est pour
moi ce mystérieux état de l'âme où le monde
entier ne semble former qu'une seule et même
harmonie, où l'univers me paraît être ce qu'il
parut à Platon, un composé, une succession de

sphères mélodiques Ah ! quand je sens bouillon-
ner mon sang en mes veines, le frisson parcourir
mon córps et les cheveux se hérisser sur ma tête,
quelle joie, quel ravissement !... Je ne suis plus
moi !

OLLY, s'efforçant de le ca'mer.

Maître... Maître !

GOËL

Et dire que tout cela est vain !... Vous vivez,
vous pensez, vous souffrez, vous écrivez vos sen-
sations, vous confiez au papier les tourments
délicieux qu'a supportés votre esprit pendant
un pénible enfantement, et qu'en retirez-vous ?
Les rires ou les moqueries des hommes, leurs
acerbes critiques, leur envie, leur jalousie, leur
jugement !... Comme si vous aviez composé pour
leur bon plaisir, comme si vous les aviez choisis
pour arbitres ! Les hommes !... Race exécrable !...
Que leur fait, je le demande, cette pensée qui suit
pour leur parvenir une chaîne sans fin composée
des anneaux douloureux que nous forge chaque
heure de notre vie maladive !... Que leur importe

nos souffrances, nos sentiments, nos larmes amères! Que leur importe ce que nous a soufflé le séraphin qui toujours marche à côté de nous, à notre droite!... Vous luttez, vous luttez contre un rire qui vous fait succomber, rire absurde d'un être borné, sous lequel votre âme s'use, vos forces s'éteignent, votre voix s'alanguit, vos idées se couvrent d'un voile sombre et se confondent en un chaos inextricable qui vous tue!... Ah! Olly, Olly, que je bénirais le ciel s'il me permettait un jour de transmettre à ton âme les trésors infinis et les pensées sublimes que je sens s'agiter dans la mienne!... Au moins ce quelque chose que j'ai là (Il se frappe la poitrine) ne serait pas perdu et je n'aurais pas souffert pour rien! (Il va à la fenêtre et l'ouvre : on entend, très loin, les fifres et les tambours des gardes royaux, qui annoncent la retraite : Goël s'accoude à la fenêtre en regardant les cieux inondés par la clarté de la lune). Oh! quelle belle nuit... et que tout est grandiose ce que Dieu a fait!... Tout, excepté l'homme.

SCÈNE VII

CHRISTIAN GOËL, OLLY, NASS

entrant avec une bouteille soigneusement enveloppée.

OLLY

Näss!... J'ai peur !

NASS, plaçant sa bouteille sur la table.

Que dites-vous, Olly?... Pourquoi?

GOËL

Voyez!... J'ai peur !

(Goël semble en extase : la clarté de la lune fait
briller ses cheveux comme des fils d'argent).

NASS

Mais je ne vois pas ce qui vous fait trembler !

OLLY

Si vous l'aviez entendu tout à l'heure!...

NASS, *écoutant la retraite qui se rapproche.*

La retraite des gardes royaux!... Il faut que je m'en aille Olly : c'est l'heure de mon concert ; je serai en retard !

OLLY, *lui prenant la main.*

Ne me quittez pas, Näss, je vous en prie...

NASS

Mais ..

GOËL

Que la nature est radieuse!... Ah ! Dieu, créateur des mondes, que ta puissance... (Il s'arrête brusquement et écoute la retraite qui se rapproche de plus en plus). Mais qu'entends-je?... C'est le scherzo de ma première ballade scandinave ! Je le reconnais... Olly, Näss... J'entends, j'entends!... (Il vient à eux les yeux hagards).

NASS, *avec angoisse.*

Grands Dieux !

OLLY, *se serrant contre lui.*

Näss !

GOËL, en délire.

J'entends ! (Il va s'agenouiller près de la fenêtre) Voici la voix sévère de la prophétesse Wola la Savante... les rires de ceux qui l'écoutent... Voilà maintenant l'ivresse du jeu, l'or qui roule sur les dalles de pierre !... Écoutez à présent !... C'est l'arrivée des trois puissantes vierges de Joetenhem !... Tout se calme !... Tout est silence !... Mais de nouveau voici les cris des guerriers... Les sons de la trompette résonnent !... Nul ne peut les étouffer... (Il se relève soudain et appuie ses deux mains sur sa poitrine comme en proie à la plus violente souffrance). Ah !... Olly... Olly !... (Il tombe .

OLLY et NASS

Ah !..... Christian !

Tous deux s'élancent vers Goël. En ce moment, la retraite des gardes royaux bat son plein : elle passe devant la demeure de Goël).

Le rideau s'abaisse lentement.

NOTES

\- \-\-\-

Christian Goël, est-il besoin de le dire, est un personnage purement fictif : aucun musicien de ce nom n'a existé en Suède. Toutefois il n'est pas inutile de faire remarquer que l'imagination seule n'a pas été mise à contribution pour la composition de ces très courtes scènes. On pourra s'en convaincre en lisant une fort intéressante nouvelle du prince Odoëfsky, relative à la dernière période de la vie de Beethoven.

PAGES

8   RIDDARHOLM, ou église des Chevaliers, fut détruite en partie en 1835.

     MALAR, lac sur les bords duquel est situé Stockholm : communique à la Baltique.

13   BERVALD (Jean-Frédéric), violoniste distingué et compositeur, né à Stockholm en 1788.

     CRUSEL (Bernard), clarinettiste compositeur, né dans la Finlande en 1778.

15   CARLSCRONE, du nom d'un port suédois de la province de Bleking.

     DURNSTEIN, vieille famille suédoise.

25   STORKYRKAN, église de Stockholm, appelée aussi la Grande Église.

26   SPRENGPORTEN, famille politique suédoise, connue surtout sous le règne de Gustave III.

28   DAVID CLOCKER D'EHRENSTRAHL., peintre de la cour de Suède, élève de Pietro di Cortona (Hambourg.

PAGES

1629-1698). Outre son tableau du *Jugement dernier*
Stockholm possède encore de lui le *Couronnement
de Charles XI*

35 « ODIN couvert d'une cotte de mailles, » etc.) Tiré
d'un poème antique suédois sur Hamin.

40 et 13 J. TOBIE SERGELL, sculpteur, élève de Larchevêque,
membre de l'Académie des beaux-arts (Stockholm,
1740-1814). Ses œuvres principales sont : *Mars
enlevant Vénus blessée par Diomède, Diomède enlevant
le Palladium, Soldat blessé* (Galerie du Luxembourg,
Paris), la statue en bronze de *Gustave III*, celle du
Maréchal d'Ehrensvœrd, les *Mausolées de Descartes
et de Linné*, etc. Ses deux chefs-d'œuvre sont le
Cupidon et la *Psyché*.

45 « Voici la voix sévère de la prophétesse Wola, etc. »
« Les trois puissantes vierges de Joetenhem, etc »
Tiré d'un poème antique : *Prédiction de Wolala
Savante*.

F I N

LYON. — IMPRIMERIE PITRAT AÎNÉ, 4, RUE GENTIL.

LYON. — IMPRIMERIE PITRAT AINÉ, 4, RUE GENTIL.

www.ingramcontent.com/pod-product-compliance
Ingram Content Group UK Ltd.
Pitfield, Milton Keynes, MK11 3LW, UK
UKHW022209070726
13613UKWH00004B/1540